Guías "Qué Hacer"
para Niños®

Qué Hacer Cuando las
NOTICIAS TE ASUSTAN

Guía para Niños para Entender las Noticias Actuales

por Jacqueline B. Toner, PhD

ilustrado por Janet McDonnell

traducido por Samantha G. Rodríguez

MAGINATION PRESS • WASHINGTON, DC
ASOCIACIÓN AMERICANA DE PSICOLOGÍA

Dedicado a la prensa libre y a la información responsable, veraz y sin prejuicios—*JBT*

Libros para Niños de la
Asociación Americana de Psicología

Magination Press es una marca registrada de la Asociación Americana de Psicología.
Ordene libros aquí: www.maginationpress.org o 1-800-374-2721

Diseño del libro por Sandra Kimbell
Impreso por Worzalla, Stevens Point, WI

Library of Congress Cataloging-in-Publication Data

Names: Toner, Jacqueline B, author. | McDonnell, Janet, 1962- illustrator.
Title: Qué hacer cuando las noticias te asustan : guía para niños para
entender las noticias actuales / por Jacqueline B Toner, PhD ;
ilustrado por Janet McDonnell ; traducido por Samantha G Rodriguez.
Other titles: What to do when the news scares you. Spanish
Description: Washington, DC : Magination Press, [2021] | Series: Guías Qué hacer" para niños |
Summary: "Este libro puede apoyar y guiar los esfuerzos para que las noticias aterradoras parezcan
un poco más manejables para los jóvenes"— Provided by publisher.
Identifiers: LCCN 2021030878 (print) | LCCN 2021030879 (ebook) |
ISBN 9781433838989 (paperback) | ISBN 9781433838996 (ebook)
Subjects: LCSH: Adjustment (Psychology) in children—Juvenile literature. | Anxiety
in children—Juvenile literature. | Current events—Psychological aspects—Juvenile literature. |
Bad news—Psychological aspects—Juvenile literature. | Mass media and
children—Psychological aspects—Juvenile literature.
Classification: LCC BF723.A28 T6618 2021 (print) |
LCC BF723.A28 (ebook) | DDC 155.4/1824–dc23

Manufactured in the United States of America
10 9 8 7 6 5 4 3 2 1

ÍNDICE DE CONTENIDOS

Introducción a los Padres y Cuidadores

Más que nada, queremos que los niños que nos preocupan se sientan seguros. Es natural tratar de protegerlos de las realidades más duras de la vida, pero eso no siempre funciona. Cuando ocurren acontecimientos trágicos, es casi inevitable que los niños se enteren de ellos. Y a veces la vida cambia a causa de estos acontecimientos y los niños necesitan saber por qué. Ya sea a través de la televisión, de la radio de tu carro o las conversaciones de los adultos, los niños suelen ser bombardeados con noticias. Cuando los acontecimientos que se describen incluyen violencia, fenómenos meteorológicos extremos, un brote de una enfermedad o discusiones sobre amenazas más dispersas, como el cambio climático, los niños pueden asustarse y sentirse abrumados. Como padre o cuidador, puede sentirse poco preparado para ayudarles a entender y procesar los mensajes que les rodean.

Qué Hacer Cuando las Noticias te Asustan ofrece ayudar a los niños a poner en perspectiva los sucesos que les asustan. Si los niños empiezan a preocuparse o a ponerse ansiosos por las cosas que han oído, hay formas para ayudarles a calmarse y sobrellevar la situación. Lea el libro antes de compartirlo con su hijo para familiarizarse con las ideas que se presentan. Este no es un libro destinado a los niños que han experimentado un trauma o una pérdida; si busca un libro sobre ese tema, le animo a explorar los contenidos de *Magination Press* para encontrar otros títulos diseñados para ayudar a esos chicos.

Recuerde que los niños se ven afectados por las emociones de los adultos importantes en sus vidas. Tenga en cuenta cómo sus propias reacciones a las noticias aterradoras pueden influir en los pequeños que le rodean

Si las noticias son preocupantes o amenazantes, es posible que sienta la necesidad de estar al tanto de lo que ocurre y de comunicarse con los demás al respecto. En esos momentos, puede que no sea posible proteger completamente a los niños de la información que les llega. Pero las noticias y las conversaciones escuchadas pueden llevar a los niños a hacer suposiciones incorrectas sobre el peligro que corren ellos o su familia. Los relatos de personas traumatizadas por un suceso pueden llevar a los niños a identificarse con los que están experimentando el suceso y hacerles pensar que ellos son los siguientes. Cuando los adultos que les rodean parecen preocupados, es poco probable que los temores de los niños se disipen con simplemente tranquilizarlos. Necesitan ayuda para entender lo que está ocurriendo y para situarlo en un contexto más amplio.

Tome en cuenta estos consejos para ayudar a su hijo en los momentos de miedo:

- La capacidad de los niños para hacer frente a los sucesos aterradores varía con la edad y con el niño.

- Limite la exposición de los niños pequeños a las noticias lo mayor posible. Cuando no pueda limitar su exposición debido a sus propias necesidades de información, esté disponible para interpretar los mensajes para ellos.

- Considere cómo accede usted a las noticias y cómo puede afectar a los niños que están cerca. El leer las noticias por su cuenta lo hace menos probable que transfiera accidentalmente la información a los niños; las noticias de la televisión son más propensas a incluir efectos visuales y sonidos aterradores.

- Escuche las preocupaciones del niño antes de ofrecerle explicaciones. Pregúntele qué ha oído y qué significa esa información para él. Es posible que descubra percepciones erróneas y temores infundados que deban corregirse.

- Diga la verdad, pero con delicadeza. No ignore las preocupaciones del niño, mejor presente una información esperanzadora con la verdad. Incluya información sobre cómo se está tratando el suceso y cómo se están atendiendo a las personas. Tenga cuidado de no dejar que sus propios temores hagan que comparta información basada en especulaciones sobre posibles acontecimientos futuros.

- Ayude a su hijo a poner el evento en perspectiva. Aunque usted tenga la sensación de que la amenaza está lejos, tiene un alcance limitado, se está manejando o incluso es algo del pasado, no asuma que su hijo lo entiende.

- Comparta con su hijo las formas en que los informes de las noticias pueden estar haciendo que las cosas parezcan más graves de lo que son.

- Ayude a los niños mayores a convertirse en consumidores activos de las noticias, enseñándoles en qué fuentes de información se puede confiar y por qué. Asegúrese de señalar las fuentes de información que pueden ser engañosas, especialmente en la internet.

- Recuérdele al niño que usted y otros adultos que le rodean le mantendrán a salvo. Utilice ejemplos concretos siempre que pueda.

- Mantenga las rutinas y no deje que las noticias se entrometan con las actividades diarias normales (nada de noticias durante la cena).

Lea con su hijo "Qué Hacer Cuando las Noticias te Asustan" para ayudarle a entender las noticias en su contexto (quién, qué, dónde, cuándo, cómo) como medio de introducir un sentido de la perspectiva. Este libro ayuda a los niños a identificar los esfuerzos de los reporteros de añadir emoción a la noticia, lo que puede hacer que las amenazas parezcan más inminentes, universales y extremas. Al hablar de los sucesos que dan miedo con

su hijo, señale a todas las personas de su vida que los mantienen a salvo y algunas de las formas en que lo están haciendo en este momento. Si los niños se preocupan y se ponen ansiosos por los acontecimientos, anímelos a emplear las estrategias de afrontamiento presentadas en el libro, que están diseñadas para reducir la agitación y la ansiedad. Anímelos a desarrollar planes de acción para ofrecer apoyo a los demás, participar en pequeñas formas de ocuparse de los grandes problemas e idear un plan de seguridad familiar.

Las noticias que dan miedo son una parte inevitable de la vida. Este libro puede apoyarle y guiarle en sus esfuerzos para ayudar a que las noticias aterradoras parezcan un poco más manejables para los jóvenes a su cargo.

CAPÍTULO 1

A Veces Ocurren Cosas Que Dan Miedo

Los reporteros informan a la gente de lo que ocurre en el mundo. Cuentan noticias sobre cosas de tu ciudad, del estado donde vives, de tu país y también de cosas que están muy lejos.

Hay varias formas de hacer saber a la gente lo que han descubierto. Algunos reporteros escriben lo que han averiguado en un periódico, una revista o en la internet. Otros hacen reportajes en la radio o en la televisión.

¿Dónde suelen enterarse tus padres de lo que ocurre?

_____

_____

_____

_____

_____

_____

_____

Puede que pienses que lo único que hacen los reporteros es saber lo que ha pasado, pero a veces eso no es suficiente información. Los reporteros de investigación investigan más a fondo las cosas que suceden para saber más sobre quiénes son las personas involucradas, qué pasó antes, qué podría pasar después y si alguna vez sucedió algo parecido.

A veces las historias que cuentan los periodistas dan miedo. Cuando ocurren cosas malas, es importante que los reporteros se lo hagan saber a los adultos. Puede que se enteren primero por las noticias de la televisión, la radio, la internet o un periódico. Una vez que algunas personas se enteran, la noticia empieza a difundirse. Empiezan a contárselo a otras personas. Se lo cuentan a la gente que tienen cerca y llaman o envían mensajes de texto a amigos y familiares que están más lejos para contarles lo que han oído. Muy pronto, muchos adultos empiezan a ver la televisión, a escuchar la radio o a buscar información en la internet y a hablar de lo ocurrido.

María y Manuel acaban de cenar y su mamá y papá encienden la televisión para ver las noticias. La persona de las noticias está frente a una gran puerta de cristal y a su alrededor hay ambulancias y luces prendiendo y apagando. Mamá dice: "Lo siento niños, no podemos jugar ahora. Papá y yo tenemos que escuchar con atención". Luego, mamá coge su teléfono para llamar a la abuela. Papá va a la computadora a investigar cosas. Parecen estar muy preocupados. María y Manuel también se sienten preocupados.

Cuando ocurre algo que da miedo, las imágenes y la información sobre ello se difunden rápidamente y puede parecer que es lo único que se oye o se ve durante un tiempo. Eso puede ser bueno porque puede ayudar a la gente a saber si necesita hacer cosas para mantenerse a salvo o para saber cuándo ha terminado lo que da miedo. Pero las noticias que asustan también pueden ser perturbadoras y confusas.

Puede que estés leyendo este libro porque acaba de ocurrir algo que da miedo. O, tal vez, uno de tus padres o un profesor sepa que las noticias de miedo están en tu mente.

Haz un dibujo de algo que hayas visto en la televisión o que hayas oído en la radio o a otra persona que te haya dado miedo.

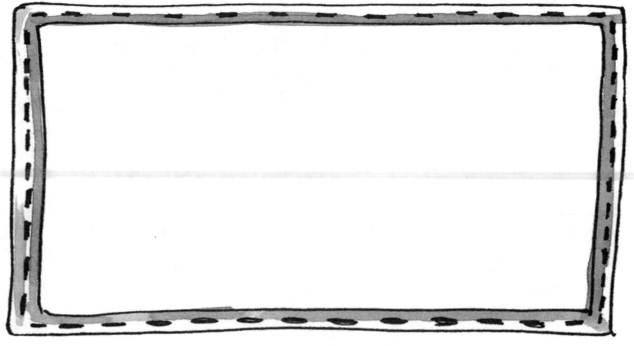

A veces, cuando escuchas una noticia aterradora, puede que no entiendas exactamente lo que significa o cómo puede afectarte. Eso puede hacer que sea aún más aterradora. Es fácil hacerse una idea equivocada de lo que las noticias aterradoras pueden significar para ti o para tus conocidos.

Este libro te enseñará a **investigar** y a averiguar lo que realmente está ocurriendo. Te sorprenderá descubrir que a veces las noticias de miedo no son tan aterradoras como parecen. Pero incluso cuando son realmente aterradoras, ¡entender exactamente lo que está pasando puede ayudarte a sentir menos miedo!

Cuando investigues, puede que aprendas cosas que te ayuden a sentirte mejor. También es posible que descubras que lo que te da miedo no es muy probable que te ocurra a ti. Además, aprenderás algunas formas de sentirte más tranquilo cuando las noticias de miedo te alteren.

CAPÍTULO 2

¿Qué son las Noticias?

Las noticias son justo lo que parecen. Es algo "nuevo" que ha ocurrido. Existen todo tipo de noticias. Por ejemplo:

Las noticias simples:

Hay un nuevo semáforo en la ciudad.

Las buenas noticias:

El clima hoy será cálido y soleado con una brisa agradable.

Las malas noticias:

La tienda de helados acaba de cerrar.

Y hay noticias que **dan miedo:**

Una casa se incendió en la ciudad.

Cuando suceden las malas noticias, los niños pueden tener muchos sentimientos diferentes y pueden hacer cosas que no suelen hacer. Cuando escuchas una noticia que te da miedo, puedes sentirte asustado, pero también puedes sentirte:

triste

QUEJOSO

preocupado

ENFADADO

MALHUMORADO

Lo importante es recordar que no pasa nada por tener sentimientos, está bien tenerlos. Incluso los sentimientos que te incomodan o te hacen infeliz son normales. Lo bueno de tener sentimientos que no te gustan es que estos son temporales. No durarán para siempre.

Te ayudará saber cuáles son. Así podrás hablar de ellos o pensar en ellos con más claridad, y se te ocurrirán algunas ideas de cosas que pueden ayudarte a lidiar con ellos. Dentro de un rato leerás más sobre esto (o puedes pasar a los capítulos 8 y 9 si quieres aprender algunas estrategias ahora mismo).

A veces, después de escuchar una noticia aterradora, puedes hacer cosas que no haces normalmente.

Es posible que

- tengas ganas de quedarte cerca de tus padres,

- empieces a discutir,

- seas malo con un amigo o hermano,

- tengas pesadillas,

- tengas miedo de estar solo,

- tengas miedo de ir a la cama, o

- tengas miedo a la oscuridad.

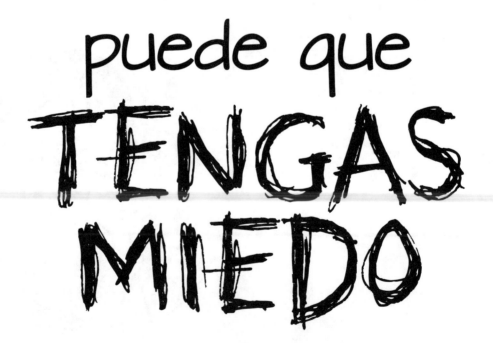

puede que TENGAS MIEDO

También puedes tener preocupaciones. Puede que te preocupe que la cosa mala te ocurra a ti, a tu familia o a tus amigos. Puede que te preocupe que algo malo como eso pueda alejar de ti a personas importantes.

Si empiezas a tener preocupaciones, puede ser útil que hables con tus padres, con tu profesor o con otros adultos que se sientan cómodos, sobre cómo te sientes.

¿A cuáles dos adultos le puedes contar tus preocupaciones?

1. _____

2. _____

17

Martín escucha un reportaje en las noticias sobre una familia que ha sufrido un gran incendio en su casa. El reportero dice: "Por desgracia, la familia Pérez lo ha perdido todo". Esto suena muy aterrador. Martín teme que a su familia le ocurra lo mismo. Se preocupa por lo que le ocurrirá a su casa cuando esté en el colegio mañana. ¿Podría incendiarse también su casa?

Martín se siente demasiado mal para dormir. Le dice a su padre que tiene miedo y está preocupado. Su papá lo escucha y entiende lo que siente. Le cuenta a Martín las cosas que él y mamá hacen para mantener la seguridad de la familia y de la casa. Le recuerda a Martín los simulacros de incendios que ha hecho su familia y sobre el plan de emergencia familiar.

Martín sigue pensando que un incendio en la casa da miedo, pero el hablar con su padre le ha recordado las formas en que sus padres lo protegen, y eso le ayuda a sentirse seguro.

Compartir los sentimientos y las preocupaciones puede reducir el tamaño de los temores.

Escribe o dibuja un momento en el que hablar con tus padres u otro adulto te haya ayudado a sentirte menos preocupado.

Aunque a veces puede dar miedo, es importante que los periodistas informen a la gente (especialmente a los adultos) sobre todo tipo de noticias. Es su trabajo ayudar a la gente a saber lo que está pasando, incluso cuando disgusta.

CAPÍTULO 3

Cómo Hacer que las Noticias den Más Miedo

Los reporteros de la televisión, la radio, la internet, las revistas y los periódicos quieren contar una historia que sea interesante. Para mantener el interés de la gente, les gusta hacer que lo que ocurre suene emocionante. Eso puede ser estupendo cuando la noticia es sobre algo feliz, como la llegada de una feria a tu ciudad. Pueden hablar de como la rueda de la fortuna es tan alta que se puede ver a lo lejos. O pueden mostrar imágenes de todas las deliciosas golosinas que están a la venta. Esos detalles ayudan a la gente a imaginar lo bien que se lo pasarían si estuvieran ahí.

Sin embargo, cuando se trata de noticias de miedo, el hacerlas emocionantes también puede significar que son más aterradoras. Al igual que un reportaje sobre una feria, conocer más detalles emocionantes puede hacerte sentir como si estuvieras realmente allí. Pero, desde luego, ¡no querrás sentirte así en un acontecimiento que da miedo! Existen varias maneras para que los reporteros hagan que las noticias parezcan más emocionantes.

A veces, cuando ocurren cosas que dan miedo, esa noticia se repite una y otra vez. Puede parecer que dura más de lo que es en realidad. O puede parecer que lo malo ocurrió en muchos lugares aunque sólo ocurrió en un lugar. Incluso puede parecer que algo que ocurrió ayer sigue ocurriendo.

Los reporteros pueden dar ejemplos de otras ocasiones en las que ocurrieron cosas malas similares y eso puede hacer que parezca que estas cosas aterradoras ocurren a menudo, incluso cuando este tipo de cosas aterradoras son en realidad bastante inusuales.

Mira un programa de noticias (no hace falta que sea uno que dé miedo). **Encierra** en un círculo las formas en que hacen que las cosas parezcan más emocionantes:

Música fuerte
y rápida

Cambios rápidos
de escenas

Colores brillantes
en el estudio

Hablando rápido

Hablando en voz alta

Hablando de lo que
puede ocurrir en el
futuro

Centrándose en detalles
emocionantes

Incluyendo información
sobre acontecimientos
pasados

Mostrando el mismo
vídeo una y otra vez

Mostrando de nuevo
diferentes vídeos de
lo mismo

Entrevistando a personas
que están muy alteradas
o emocionadas

Aunque nunca ha estado cerca de uno, a Olivia le dan mucho miedo los tornados. Y ahora, el reportero de la televisión dice que hay uno a menos de 30 kilómetros de ella. No está segura de si eso está cerca o lejos o de la distancia que puede recorrer un tornado.

Ahora el reportero está diciendo, "...y por supuesto hubo el tornado de 1902. Destruyó el pueblo de Smallton por completo. El premio del toro del granjero Pérez se lo llevó el tornado". ¿Eso significa que podría ocurrir lo mismo cerca de la casa de Olivia?

¡Lo que ves en la televisión o escuchas en la radio puede ser realmente confuso! Puede ser difícil entender lo que realmente sucedió. Es posible que necesites la ayuda de un adulto para asegurarte que has entendido lo que decía el reportero. A veces **entender** mejor lo que ha pasado puede hacer que te dé menos miedo.

25

Cuando ocurren cosas muy malas, la gente habla de ello. A veces surgen rumores que no son ciertos y que pueden ser incluso más aterradores que lo que ha sucedido realmente. A veces los periodistas hablan de estos rumores y esto hace que parezcan ciertos, aunque no lo sean. Puedes oírlos decir que han escuchado algo que "no se ha confirmado". Esto puede ser una pista de que alguien le dijo al reportero un rumor pero nadie sabe si es cierto todavía. Si oyes algo que te preocupa, compruébalo preguntando a un adulto si es cierto.

Señoras y señores, acabo de enterarme que hemos recibido un mensaje de un espectador que dice haber visto otra nube que parecía un tornado y que era muy grande. Esto aún no ha sido confirmado.

¿Qué mostrarías o dirías si fueras un reportero de noticias para que la noticia de un niño que se cae de su bicicleta sonara más emocionante?

¿Esto también hace que suene más aterrador? _____

Cuando los reporteros utilizan técnicas para hacer que las noticias suenen más interesantes, puede resultar confuso. Toda esta emoción añadida también puede darte ideas equivocadas sobre lo que ha pasado. Esas ideas erróneas pueden hacerte sentir miedo o preocuparte.

¿Cuál es el Punto de Vista?

La televisión puede hacerte sentir muy involucrado en una historia. Por esa razón es el lugar donde más miedo dan las noticias, porque no sólo te enteras de ellas, sino que también ves cosas que dan miedo. Y, como ocurre con todas las noticias, los noticieros hacen cosas para hacer las noticias más emocionantes (y más aterradoras).

Ángel supo que algo andaba mal cuando su madre se apresuró a encender la televisión en la tarde. El reportero dijo: "Esto parece haber sido un ataque inesperado". Mientras Ángel miraba la televisión, vio imágenes de tres personas tendidas en el suelo. El reportero habló con alguien que estaba cerca y luego hubo una imagen de tres personas más en el suelo. O... ¿eran las mismas tres personas? Ángel no estaba seguro.

Entonces, otro reportero dijo: "Estamos en el Hospital Mercy Hospital donde han ingresado a tres víctimas". ¿Estaban hablando de las mismas personas o de tres personas más que estaban heridas? Ángel se sintió confundido y disgustado.

A veces se muestra el mismo hecho desde **diferentes ángulos.** Esto puede hacer que parezca que ha ocurrido más de una vez. Muchas veces los noticieros muestran lo mismo una y otra vez. Puede parecer que hubo más heridos de los que realmente hubo cuando vemos a la gente caer una y otra vez o cuando se ven los mismos edificios destruidos una y otra vez.

Los noticieros también pueden utilizar muchas escenas en **primer plano** que nos hacen sentir que estamos ahí mismo. Eso puede significar que vemos muchos detalles que nos disturban, los cuales no podríamos ver aunque estuviéramos cerca, porque las cámaras pueden acercarse más de lo que nuestros ojos pueden ver. El acercamiento también puede hacer que los lugares parezcan más llenos de gente. Esto puede hacer que el suceso aterrador parezca más grande de lo que realmente es.

A veces, cosas que ocurren muy lejos de donde vives pueden parecer muy cercanas. Pueden parecer más cercanas de lo que son porque el lugar empieza a parecernos familiar cuando aprendemos mucho sobre esa cosa vemos muchas fotos del mismo lugar. A veces, puede parecer están al final de la calle cuando en realidad están muy lejos. Puede ser muy difícil entender lo cerca que estás de lo que estás viendo.

Explora una noticia sobre un gran acontecimiento que no dé miedo.

¿Dónde crees que está ocurriendo?	
¿Crees que podrías ir caminando?	
¿Cuánto crees que tardarías en llegar en carro o en autobús?	

Ahora, busca el lugar en un mapa.

¿Puedes ver lo lejos que está realmente?	
¿Puedes calcular el tiempo que tardarías en llegar (puedes pedir ayuda a un adulto)?	

¿Te sorprende? ☐ sí ☐ no

Las imágenes de la televisión también pueden recordarte algo que viste en una película o programa de televisión y puedes confundirte sobre lo que realmente sucedió y lo que fue de mentira. Puede ser útil comprobarlo con un adulto.

Mamá, ¡se parece a la película que vimos la semana pasada! En la que todos huían de los extraterrestres del espacio.

Intenta ver un reportaje de televisión sobre algo que no dé miedo. ¿Cuál de las técnicas que acabas de conocer puedes identificar?

El reportaje...	Sí	No
¿Muestra algo de diferentes puntos de vista?	☐	☐
¿El reportero repite cosas o hace preguntas a otras personas para que repitan lo que él acaba de contar?	☐	☐
¿Habla el reportero de cosas similares que ocurrieron en otro momento?	☐	☐
¿Está la cámara muy cerca de la acción o de las personas que hablan?	☐	☐
¿Hay otras cosas que puedan resultar confusas?	☐	☐
¿Sabes lo cerca que estás de las imágenes que se muestran?	☐	☐
¿Lo que ves te recuerda a una película o programa de televisión que hayas visto o a una historia que hayas escuchado?	☐	☐

Cuando los reporteros hacen ese tipo de cosas para que las noticias parezcan emocionantes, pueden hacer que algo que da miedo parezca aún más aterrador. A veces esto hace que los niños se sientan disgustados y asustados.

El pensar detenidamente en las formas en que los reporteros hacen que las cosas sean emocionantes te ayudará a recordar que debes investigar más sobre lo que estás viendo y escuchando.

¿Cuál es tu Fuente?

Los periodistas no informan de todo lo que oyen. Cuando se enteran de algo que parece importante, tratan de buscar muchas fuentes de información al respecto para asegurarse que es cierto.

Las fuentes pueden ser

- diferentes personas que hayan sido testigos de lo ocurrido,

- personas que se vieron directamente afectadas por el suceso,

- ayudantes,

- líderes de la comunidad e incluso

- libros y noticias sobre acontecimientos pasados.

Consideran lo **fiable** que son estas fuentes. Las personas expertas en sucesos similares son más fiables porque es más probable que tengan información precisa sobre el suceso. Los testigos tienen más probabilidades de describir lo sucedido que las personas que sólo han oído hablar de un acontecimiento.

Julián es reportero del periódico de su escuela. Está trabajando en un artículo sobre las formas de mejorar el programa deportivo de su escuela. Para estar seguro de entender el tema, decide que necesita diferentes tipos de fuentes.

Habla con sus compañeros para saber qué tipo de deportes les gustaría añadir al programa.

El profesor de educación física le habla del equipamiento que podría ser necesario para cada deporte.

La dueña del salón de belleza de la ciudad le dice que las empresas locales probablemente aportarían algo de dinero para ayudar.

El pediatra de Julián le da un artículo científico sobre cómo mejora la forma física de los niños cuando hacen deporte.

Mira un informe de noticias. ¿De cuántas fuentes habla el periodista? **Enumera** las que puedas encontrar y decide si crees que son buenas fuentes, fuentes correctas o fuentes que pueden estar dando información incorrecta.

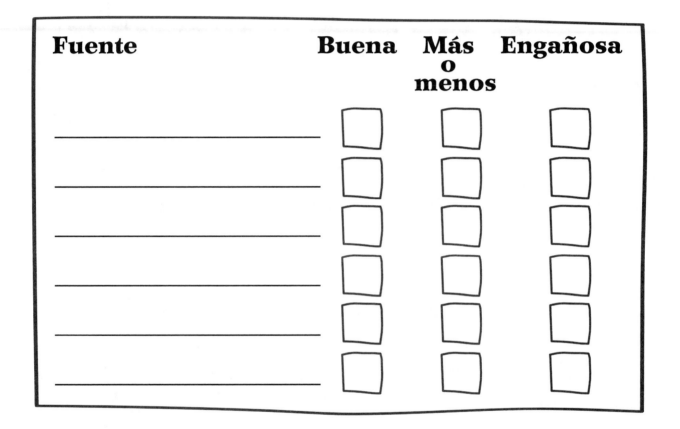

Fuente	Buena	Más o menos	Engañosa
_____	☐	☐	☐
_____	☐	☐	☐
_____	☐	☐	☐
_____	☐	☐	☐
_____	☐	☐	☐
_____	☐	☐	☐

Ha aparecido una peligrosa enfermedad que está haciendo enfermar a mucha gente. Coge tu libreta de periodista y prepárate para entrevistar a algunas fuentes.

Enumera tres fuentes que creas que pueden proporcionar la información más importante y precisa sobre la enfermedad y sus posibles efectos:

Aunque escuches las noticias por la televisión o la radio, mucha gente también las obtiene de la internet. Si esas noticias provienen de una agencia fiable que emplea a reporteros, las fuentes que han utilizado se han comprobado para ver si son fiables.

Pero algunas informaciones de la internet no se investigan cuidadosamente. Esto puede llevar a que se difundan informaciones incorrectas y rumores falsos. Los profesores y tus padres pueden ayudarte a buscar pistas para saber si lo que ves puede ser cierto.

Incluso las organizaciones de noticias de confianza tienen informes que no se basan sólo en hechos, sino que son la **opinión** de alguien. Por lo general, te dan pistas para ayudarte a distinguir entre una noticia y una opinión, pero éstas se pueden pasar por alto, especialmente cuando la noticia es aterradora.

A menudo, las personas a las que se le piden que den su opinión son expertos, pero no siempre. Si oyes una opinión que te asusta, pregunta a un adulto de confianza quién es la persona que da esa opinión y si es creíble.

Pídele a un adulto que se siente contigo y miren un periódico (puede ser uno de la internet). Busca las palabras **"opinión"** y **"editorial"** (que es una palabra para un artículo de opinión). ¿Puedes identificar qué artículos son de opinión incluso sin leerlos?

Ahora, crea tu propia página web de noticias. **Haz** un dibujo para mostrar cómo ayudarías a los lectores a diferenciar rápidamente las noticias de los artículos de opinión:

Los reporteros hacen todo lo posible por elegir fuentes de datos que sean verdaderas para entender un acontecimiento. Para ello, pueden entrevistar a personas que probablemente conozcan lo sucedido, a expertos en sucesos similares, leer libros o artículos sobre sucesos pasados o información científica e histórica relacionada.

Cuando alguien comparte su **opinión** en un artículo de un foro de noticias, es importante que los espectadores y lectores sepan que se trata de los **pensamientos** de una persona y no de un informe de noticias.

CAPÍTULO 6

Enfocándose en la Realidad

Cuando te enteras de una noticia aterradora, puede ser confuso. A veces, mientras intentas entender lo que ha pasado, puedes tener pensamientos que te preocupan. Algunos de estos pensamientos pueden ser poco **realistas.**

Los pensamientos poco realistas pueden ser un poco ciertos, pero también pueden darte la idea de que las cosas son mucho peores de lo que realmente son. Si algo te da miedo, lo último que quieres es estar más asustado por cosas que ni siquiera son ciertas. Y a veces esos pensamientos irreales pueden ocurrir tan rápido que puede que ni siquiera te des cuenta de lo que son exactamente. Este es el momento de hacer un poco de investigación por tu cuenta.

44

Cuando los reporteros investigan una noticia, intentan llegar a la verdad encontrando las respuestas a las preguntas:

¿Quién? ¿Qué?
¿Cuándo?
¿Dónde? ¿Cómo?

Si puedes responder a esas mismas preguntas, puede que descubras que tenías algunas ideas poco realistas que hacían que un acontecimiento pareciera más aterrador de la cuenta.

Haz una lista de los adultos en que confías para que te den buenas respuestas a tus preguntas sobre las noticias de miedo.

Rosa oía hablar mucho del cambio climático en la escuela, de parte de sus amigos y por la televisión. Al principio le daba ganas de hacer cosas para ayudar al planeta, como reciclar y poner su almuerzo en recipientes reutilizables en lugar de bolsas para sándwiches.

Pero después de un tiempo empezó a preocuparse mucho por todos los animales que morirían, por todos los árboles y plantas que desaparecerían y por todas las personas que morirían de hambre.

Se preocupaba tanto que le costaba dormir por la noche. Rosa decidió que era hora de hacer la investigación del **¿Quién?, ¿Qué?, ¿Cuándo?, ¿Dónde?, y ¿Cómo?**

Le preguntó a su mamá: **"¿quién** puede ser afectado por el cambio climático y **quién** lo puede detener?". Su mamá le dijo que mucha gente se vería perjudicada, pero sobre todo la gente de países muy pobres o aquellas que no tienen un hogar. También aprendió que personas como ella y su familia, que no se verían tan perjudicadas, podrían ayudar a las que sí pueden ser afectadas.

Rosa le preguntó a su papá: **"¿qué** es el cambio climático?" Él le explicó que el cambio climático se debía a que la tierra se calentaba un poquito. Eso había provocado cambios en el clima y la subida del nivel de los mares.

Después, Rosa se dirigió a su profesor y le preguntó: **"¿cuándo** empezó el cambio climático y **cuándo** terminará?". El Sr. Martínez le dijo que la contaminación ambiental empezó mucho antes de que Rosa naciera y que con el tiempo había ido empeorando. Nadie sabía cuándo podría detenerse, pero ahora que los científicos estaban aprendiendo más sobre el tema, la gente estaba intentando todo tipo de métodos para ayudar.

Como la abuela de Rosa sabía todo tipo de cosas, le preguntó: **"¿dónde** está ocurriendo el cambio climático?" Su abuela le dijo que el cambio climático se estaba produciendo en todo el mundo, tanto a pequeña como a gran escala. Dijo que en algunos lugares el clima era terrible y en otros había sequías e inundaciones. Dijo que su familia era muy afortunada porque ninguna de esas cosas tan temibles había ocurrido cerca de ellos.

Rosa sabía que su vecina, la Sra. Miranda, era científica. Decidió preguntarle: **"¿cómo** se produjo el cambio climático?" La Sra. Miranda le dijo que el cambio climático ocurría porque la gente había estado haciendo muchas cosas que creaban contaminación en la atmósfera y sólo recientemente se habían dado cuenta de lo perjudicial que era.

→ →

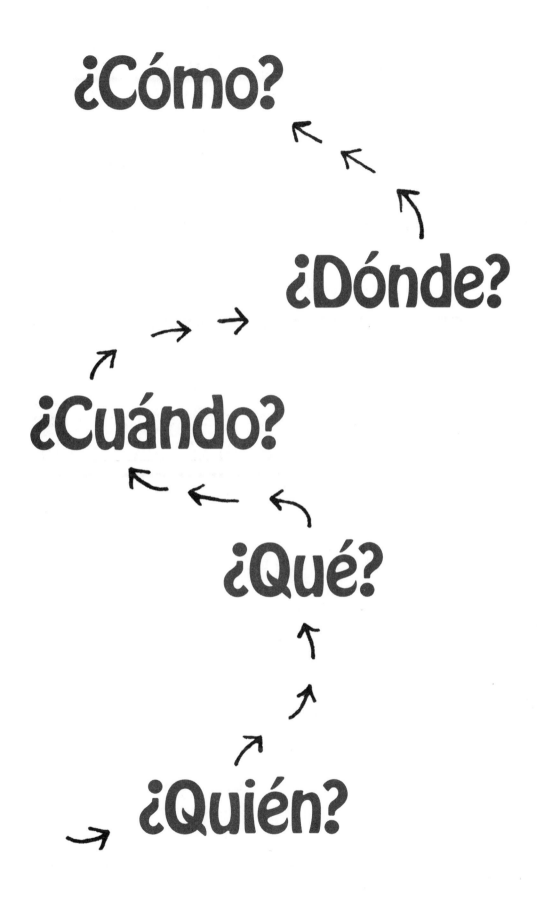

Toda esta información seguía dando miedo, pero ahora Rosa estaba menos asustada y preocupada. Entendía que el cambio climático era algo en lo que ella y otras personas tenían que trabajar, pero también sabía que no era probable que le ocurriera nada realmente malo a su familia, que el cambio climático ha estado presente durante mucho tiempo, que no era culpa suya, y que los científicos están trabajando duro para encontrar nuevas formas para acabar con él.

Coge tu libreta de periodista y elige una noticia (no hace falta que sea de miedo). ¿Qué dice sobre el acontecimiento?

¿Quién? _____

¿Qué? _____

¿Cuándo? _____

¿Dónde? _____

¿Cómo? _____

La información sobre un suceso que da miedo disgusta y la forma en que se presenta puede provocar confusión. Cuando estás confundido también puedes tener ideas poco realistas que te preocupan. Si eso ocurre, intenta seguir la estrategia del reportero.

El hacer preguntas te ayudará a tener una idea más realista del suceso y evitará que te asustes por cosas que no son reales.

CAPÍTULO 7

¿Qué son las Noticias Simples?

Las noticias simples son cosas que ocurren todo el tiempo. No son "nuevas". Puede ser útil recordar todas las cosas que no son noticia cuando oyes hablar de noticias aterradoras. Las noticias simples se componen de todas las cosas normales que ocurren todo el tiempo. No son emocionantes. De hecho, pueden parecer algo aburridas. Pero eso no significa que no sean importantes. De hecho, prestar atención a las cosas regulares de tu diario vivir pueden ayudarte a mantener las noticias en **perspectiva.** Eso significa mantener las noticias aterradoras en su lugar y no dejar que parezcan lo único que ocurre.

Estos son algunos ejemplos de las noticias simples:

- los niños fueron hoy a la escuela

- el parque está abierto

- el supermercado tiene leche

- los semáforos funcionan

- el viento estaba calmado hoy

¿Puedes **hacer** un dibujo de alguna noticia simple que haya sucedido hoy donde vives? ¿Qué palabras utilizarías para explicar tu noticia simple?

Descripción: _____

Es importante ser capaces de notar las noticias simples, porque las cosas regulares que suceden diario pueden ayudarte a recordar las cosas que son seguras y **"normales"** cuando escuchas que han sucedido cosas que dan miedo.

Hoy hay una gran noticia en el barrio de Manuel. Un niño se ha caído de un árbol y se ha roto la pierna. Todo el mundo habla de ello.

Manuel comienza a pensar en todas las noticias simples que han ocurrido hoy:

- su mamá preparó la cena,

- ha jugado con su perro,

- ha hecho los deberes,

- la niña de al lado pasó por su casa en bicicleta.

¡Al parecer hay muchas más noticias simples que noticias serias en el barrio hoy!

La mayoría de las veces, las noticias simples son en realidad más importantes para ti. Normalmente, incluso cuando ocurre algo malo, casi todas las cosas normales que haces cada día siguen normales. Y esas cosas de día a día pueden recordarte que estás a salvo. La próxima vez que oigas una noticia que te da miedo, mira si puedes pensar en algunas de las noticias simples que te han ocurrido a ti y a tu familia ese día.

Pon un "programa de televisión sin noticias" para tu familia. ¿Puedes hacer que estos acontecimientos parezcan interesantes? Si tuvieras el equipo necesario, ¿qué tipo de gráficos, música o ángulos de cámara podrías utilizar para que tu noticia simple fuera emocionante?

? _____
_____
_____

Las noticias simples se componen de cosas común y corrientes que no son realmente nuevas. Las noticias simples pueden no ser emocionantes, por lo que a menudo se pasan por alto, pero cuando ocurre algo que da miedo, las noticias simples pueden ser alentadoras y recordarte lo seguro que estás y que tu vida sigue siendo normal.

Cuidando de Ti

Tus padres, profesores y otros adultos harán muchas cosas para mantenerte seguro y ayudarte a sentirte menos disgustado por las noticias de miedo.

A continuación se presenta el comienzo de una lista de cómo los adultos cuidan de ti. ¿Cuántas formas más se te ocurren?

 La policía, los bomberos, los médicos y las enfermeras responderán al mal evento.

 Los adultos escucharán lo que te preocupa y responderán a tus preguntas.

 Tus padres u otras personas harán cosas contigo antes de ir a la cama para ayudarte a relajarte.

1. _____

_____

2. _____

_____

3. _____

_____

4. _____

_____

5. _____

_____

Y, por supuesto, hay cosas que puedes hacer para sentirte mejor. Algunas son cosas que puedes hacer siempre, pero si ocurre algo que te asusta, es muy importante seguir haciéndolas.

Esto incluye cosas como:

- Comer alimentos saludables

- Mantener un horario regular de sueño (y dormir lo suficiente)

- Hacer ejercicios

- Pasar tiempo con los amigos

? ¿Qué cosas haces para cuidarte todos los días? Puedes incluir formas de cuidar tu cuerpo y también cosas que te ayudan a calmarte o te hagan sentir mejor cuando estás disgustado:

_____

_____

_____

_____

_____

Es importante no dejar que las noticias de miedo se apoderen de todo tu día. Eso puede significar no ver las noticias en la televisión, en la internet y no escucharlas en la radio. Puede que tus padres necesiten verlas, pero intentarán hacerlo cuando tú no estés cerca.

Recuerda que si te dicen: "Ahora mismo no hay televisión" o "ahora mismo la televisión es sólo para los mayores", no están evitando que sepas algo importante. Lo que quieren es que te sientas más cómodo.

Puede ser difícil no echar un vistazo si tus padres te mandan fuera de la habitación mientras ven un programa de noticias. Puedes ayudarlos ayudándote a ti mismo a encontrar algo interesante que hacer para distraerte. O puede que necesites hacer algo para calmarte. Sigue leyendo para conocer algunas ideas sobre cómo hacerlo.

Lucas se ha esforzado por olvidarse de las noticias sobre un terremoto. Sabe que ha ocurrido muy lejos de donde vive. También sabe que ocurrió ayer y que ya ha pasado.

Su abuelo le explicó que había mucha gente ayudando a los heridos. Todas esas cosas le ayudaron a sentirse mejor, pero el cuerpo de Lucas se siente muy estresado. Parece que no puede calmarse.

Cuando las noticias de miedo te alteran, puedes sentirlo en tu cuerpo. Aunque tu mente se haya calmado, tu cuerpo puede seguir sintiendo toda la mala energía que las noticias de miedo pueden provocar. Si te sientes **estresado** y **disgustado,** quizá quieras probar algunas maneras para calmarte.

Una forma de **calmarse** es hacer un ejercicio de respiración. Aquí tienes uno que puedes probar:

Siéntate cómodamente en una silla o en el suelo.

Cierra los ojos. Cuenta lentamente del uno al cinco y tómate el tiempo que necesites para exhalar todo el aire que tengas dentro.

Luego, inspira lentamente, contando hasta cinco para llenar tus pulmones.

Hazlo tres veces. ¿Qué tan lento puedes hacerlo?

Cuando estás muy tenso, puede ser difícil concentrarse en respirar lentamente. Si es así, esta siguiente forma de relajarse puede ser más divertida. Puedes sentarte, pero tal vez te resulte más cómodo recostarte. Pídele a un adulto que te lea las instrucciones las primeras veces que lo pruebes:

1. **Empieza por los dedos de los pies.** Enróllalos todo lo que puedas...más fuerte... más fuerte...¡aún más fuerte! Ahora, deja que se relajen.

2. **Luego, los tobillos.** Dóblalos con fuerza para que los dedos de los pies apunten hacia las rodillas...fuerte...más fuerte...¡más fuerte! Ahora suéltalos.

3. **Subiendo a las piernas,** aprieta los músculos con fuerza...más fuerte...¡supe fuerte! Ahora, ahhhhhh...deja que se relajen.

4. **Ahora los glúteos.** Ténsalos bien...aprieta... aprieta...**¡APRIETA!** Luego deja que se vuelvan suave como una almohada.

5. **Ahora tus dedos.** Aprieta el puño....más fuerte...aún más fuerte...¡más fuerte todavía! Ahora deja que esos dedos se relajen.

6. **Luego, los brazos...**aprieta...más...más... ahora déjalos caer como fideos.

7. **Desde aquí, ve a tu cara.** Aprieta... los ojos, la boca, la nariz, la frente...¡aprieta, aprieta y **APRIETA!** Entonces oooooh....¡se siente tan bien dejar que todo se vaya!

A veces es importante hacer cosas que no tienen nada que ver con las noticias aterradoras, como:

- Hacer algo divertido que te distraiga de las noticias (como aumentar la cantidad de noticias simples o incluso de buenas noticias)

- Pasar tiempo con tus padres: leyendo juntos, jugando cualquier juego o dando un paseo

Escribe o dibuja algo que puedas hacer para olvidarte de algo aterrador en las noticias.

Siempre es importante cuidarse, pero aún más cuando ocurre algo aterrador. Y cuando estás distraído por las noticias perturbadoras, es fácil olvidarse de hacer las cosas que te mantendrán tranquilo. Cada día haces muchas cosas que te ayudan a mantenerte feliz y sano. Sigue haciéndolas. Si no te parecen suficientes para calmarte, ahora ya sabes qué otras cosas puedes probar.

Elaborar un Plan de Acción

Cuando ocurre algo que da miedo, esto puede hacerte sentir muy pequeño e indefenso. El tomar algún tipo de acción puede ayudarte a sentirte más fuerte. Las noticias que dan miedo pueden hacer que te preocupes por lo que le pueda pasar a ti y a tu familia. El saber cómo estarán tú y tu familia seguros puede ayudar.

Pregúntale a tus padres si tienen un plan de emergencia familiar. Si lo tienen, conocer el plan puede ayudarte a sentirte mucho mejor. Si no lo tienen, pregúntales si pueden ayudarte a elaborar uno.

Cuando hables con tus padres sobre un plan de emergencia familiar, tal vez quieras saber:

 ¿Qué han hecho tus padres para evitar que se produzcan emergencias (como tener un detector de humo o una alarma en casa)?

 ¿Qué se supone que debes hacer si se produce una emergencia?

 ¿Dónde se reuniría la familia si se llegan a separar?

¿Quiénes, además de tus padres, podrían ayudarte y cómo podrías contactarte con ellos? Por ejemplo, tus padres podrían pedirte que vayas a casa de un vecino y éste vecino podría saber cómo ponerse en contacto con otros familiares y amigos que vendrían a ayudarte.

Trabaja con tu familia para desarrollar un **plan de emergencia.** Piensa en:

¿Dónde están todas las salidas de tu casa? Si tuvieras que escapar por una ventana, ¿cuáles se abren fácilmente?

¿Qué debes decir si tienes que llamar al 911? (Pistas: debes saber tu dirección y estar preparado para decir qué tipo de emergencia es).

¿Con qué persona que no pertenece a tu familia inmediata se podrían contactar si se separan?

¿Todos de la familia tienen el número de teléfono de otros miembros de la familia?

¿En dónde se encontrarían si se llegan a separar?

¿Qué tipos de simulacros de emergencia tendría tu familia?

Cuando algo malo sucede de repente, hacer algo para ayudar a otras personas puede ayudarte a sentir menos miedo y darte una buena sensación por dentro. Tal vez podrías:

- Escribir una carta o hacer un dibujo de agradecimiento a un agente de policía, un bombero o un médico que esté ayudando a las personas que han tenido que enfrentarse al suceso aterrador.

- Enviar buenos deseos a las personas que resultaron heridas y a sus familias.

- Reunir cosas para hacer una donación para ayudar a las personas afectadas por el suceso aterrador o llevar cosas para ayudar si ocurre algo en tu ciudad.

Imagina que hay un gran incendio en tu ciudad. **Haz una lista** de las cosas que podrías recoger de tus amigos y vecinos para donarlas a las personas que han perdido sus casas. Incluye cosas para adultos y niños de diferentes edades.

Artículos para adultos

_____

_____

_____

_____

_____

Artículos para niños

_____

_____

_____

_____

_____

Daniela está disgustada desde que vio en las noticias que los osos polares se quedan sin hogar cuando el calentamiento de las aguas del mar hacen que se rompa el hielo sobre el que viven. Ella se preocupa por esos osos y teme por ellos. Le gustaría poder hacer algo para ayudarlos, pero está muy lejos. Y, después de todo, sólo es una niña. Daniela sabe que el hecho del por qué los mares se calienten está relacionado con el derroche de energía de la gente. Se pregunta si hay algo que pueda hacer para cambiar eso…aunque sea un poco.

A veces las noticias que dan miedo pueden ser sobre algo que está en desarrollo, algo que está sucediendo gradualmente con el tiempo. El cambio climático y la contaminación ambiental son dos de estos enormes y graduales problemas que dan miedo. Puede parecer que no puedes hacer nada para cambiar las cosas, pero ten en cuenta que los pequeños esfuerzos de mucha gente contribuyen a un gran cambio. Podrías:

- Pensar en formas en las que tu familia o tu escuela podrían reducir la cantidad de plástico que se utiliza cada día.

- Conservar el agua no dejando correr el grifo cuando te cepilles los dientes.

- Hablar con tu familia sobre cómo reducir el consumo de energía en tu casa.

- Animar a tus amigos a hacer los mismos cambios que has aprendido los cuales son útiles para el medio ambiente.

¿Cuál es un gran problema que te preocupa?

_____

_____

_____

¿Qué es lo que puedes hacer para intentar mejorar la situación?

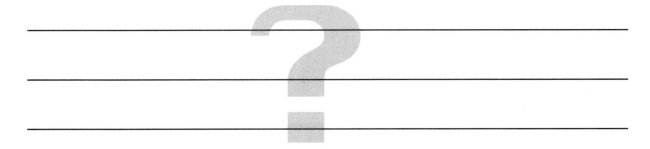

_____

_____

_____

Los sucesos aterradores pueden hacerte sentir indefenso y con miedo. Encontrar formas de actuar para mejorar las cosas puede recordarte que eres fuerte y tienes el control. Tal vez no puedas cambiar lo que ha sucedido o puedas resolver un gran problema, ¡pero cada granito de arena cuenta!

¡Puedes Hacerlo!

Cuando ocurren cosas inesperadas, está bien sentir miedo. Pero ahora sabes que los noticieros a menudo hacen que los acontecimientos parezcan más aterradores de lo que realmente son. Si investigas por tu cuenta puedes tener una idea más realista de lo que pasó. Utilizar el tipo de preguntas que hacen los periodistas puede ayudar. Cuando investigues el **¿QUIÉN?, ¿QUÉ? ¿CUÁNDO?, ¿DÓNDE? Y ¿CÓMO?** de lo sucedido, puedes encontrar pruebas

- de que tú y tu familia estarán a salvo,

- que lo que pasó no fue exactamente lo que parecía al principio,

- que ya se acabó,

- que no estaba tan cerca como pensabas, o

- que no fue culpa de nadie.

En otras palabras, a medida que investigas puedes encontrar pruebas de que no tienes que estar tan asustado como estabas al principio.

También has aprendido la importancia de prestar atención a todas las cosas normales que siguen ocurriendo al mismo tiempo que un acontecimiento malo. Al hacerlo, descubrirás que hay muchas más cosas normales e incluso buenas. Eso puede resultar tranquilizador.

Pero, si eso no es lo suficientemente tranquilizador, ahora tienes algunas estrategias que puedes usar para calmar tu cuerpo. Y ya sabes que, a veces, las acciones también pueden ayudarte a sentirte mejor. La próxima vez que aparezca una historia de miedo en las noticias, estarás preparado para manejarla.

¡PUEDES HACERLO!